yukismart.com/b/6570e6

appel

apple

banaan

banana

peer

pear

kers

cherry

limoen

lime

citroen

lemon

kweepeer

quince

kiwi

kiwi

druiven

grapes

watermeloen

watermelon

sinaasappel

orange

clementine

clementine

aardbei

strawberry

framboos

raspberry

veenbes

cranberry

bosbes

blueberry

bes

currant

braambes

blackberry

sap

juice

jam

jam

geroosterd brood

toast

grapefruit

grapefruit

meloen

melon

pompelmoes

pomelo

kumquat

kumquat

mirabel pruim

mirabelle plum

perzik

peach

abrikoos

apricot

pruim

plum

ananas

pineapple

granaatappel

pomegranate

olijf

olive

vijg

fig

dadel

date

avocado

avocado

lychee

lychee

kaki

persimmon

stervrucht

star fruit

mango

mango

ramboetan

rambutan

longan

longan

langsat

langsat

mangosteen

mangosteen

jackfruit

jackfruit

sapodilla

sapodilla

guave

guava

jujube

jujube

durian

durian

zuurzak

soursop

papaja

papaya

drakenfruit

dragon fruit

kokosnoot

coconut

cacao

cocoa

chocolade

chocolate

aardappel

potato

maïs

 **corn**

maize

yam

yam

pompoen

pumpkin

flespompoen

butternut squash

cassave

cassava

wortel

carrot

tomaat

tomato

paddenstoel

mushroom

broccoli

brocoli

asperge

asparagus

artisjok

artichoke

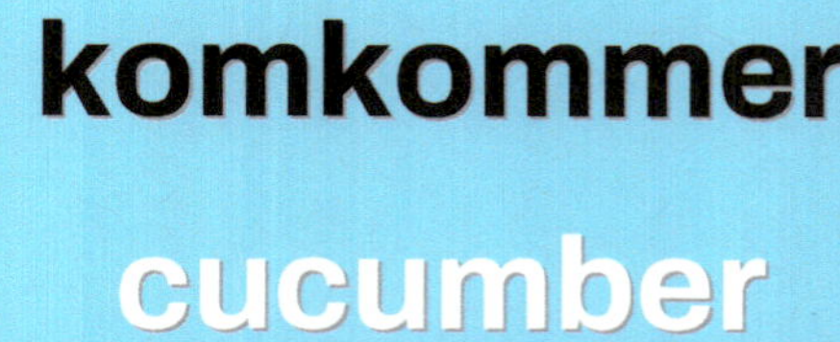

komkommer

cucumber

spinazie

spinach

bloemkool

cauliflower

courgette

🇺🇸 zucchini
🇬🇧 courgette

sla
lettuce

kool
cabbage

aubergine

eggplant

raap

turnip

radijs

radish

biet

beet

rabarber

rhubarb

spruitje

Brussel sprout

prei

leek

munt

mint

knolselderij

celeriac

andijvie

endive

selderij

celery

erwten

peas

kikkererwten

chickpeas

groenen bonen

green bean

rode boon

red bean

mungo boon

mungo bean

venkel

fennel

pastinaak

parsnip

paprika

bell pepper

chili peper

chili pepper

peper

pepper

ui

onion

knoflook

garlic

gember

ginger

macadamia

macadamia

pecannoten

pecans

cashewnoot

cashew

hazelnoten

hazelnuts

amandel

almond

pistache

pistachio

pinda

peanut

kastanje

chestnut

walnoten

walnuts

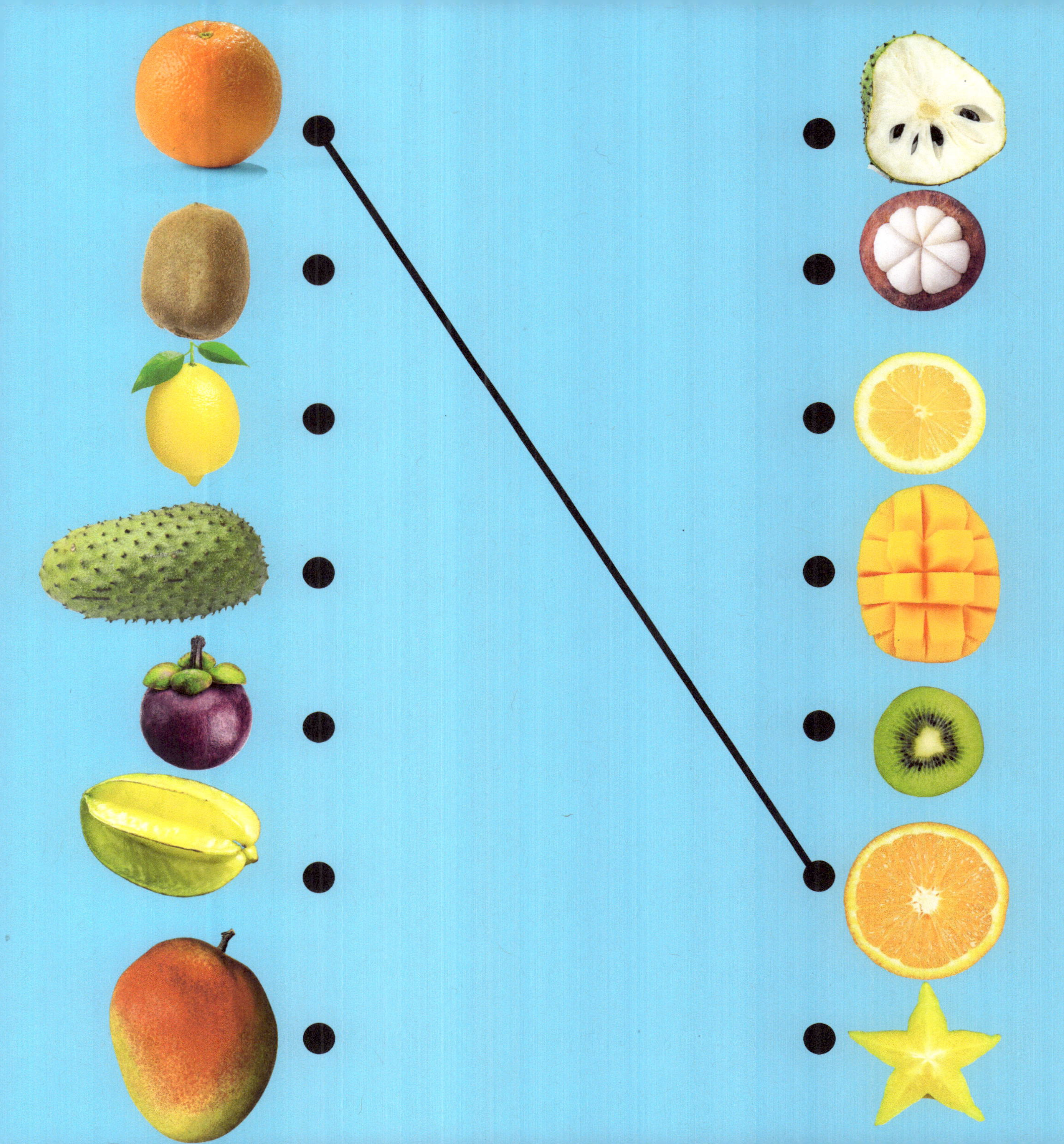

Milton Keynes UK
Ingram Content Group UK Ltd.
UKHW021639210823
427138UK00002B/54